DESCRIPTION

DE

PIERRES GRAVÉES,

ANTIQUES ET MODERNES.

DESCRIPTION

DES PIERRES GRAVÉES,

ANTIQUES ET MODERNES,

QUI COMPOSENT LA COLLECTION

DE FEU

M. GRIVAUD DE LA VINCELLE,

Garde du Livre de la Pairie, Membre de la Société Royale
des Antiquaires de France, des Académies de Lyon, de
Marseille, de Nantes, de Dijon, de Vaucluse, etc. etc.

Par L. J. J. DUBOIS.

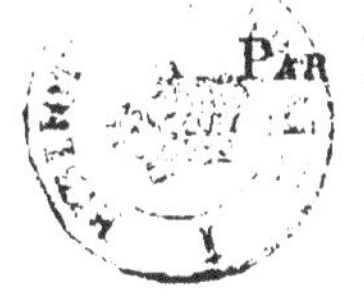

———————

Prix : 1 franc.

———————

A PARIS,

Chez {
feu M. GRIVAUD, rue du Cherche-Midi, n°. 16 ;
M. GENDRON, Commissaire-Priseur, rue St.-Honoré, en
face de celle St.-Florentin, N°. 408 ;
M. DUBOIS, rue de Savoie, N°. 4.

———————

1820.

La Vente de cette Collection aura lieu chez feu M. Grivaud, rue du Cherche-Midi, N°. 16, le 6 novembre 1820 et jours suivans, de onze heures du matin à quatre heures du soir ; elle sera précédée d'une exposition publique qui durera deux jours.

Les adjudications seront faites par M. Gendron, *Commissaire-Priseur.*

AVERTISSEMENT.

La suite précieuse de Pierres gravées dont nous publions la description, est trop généralement connue du Public instruit, pour qu'il soit convenable d'en entreprendre ici l'éloge ; il nous suffira de faire remarquer qu'en la composant avec un goût très-sévère et une persévérance peu commune, M. Grivaud s'était attaché principalement a lui donner toute l'utilité scientifique que peut comporter ce genre de monumens.

Un but aussi sage se fait reconnaître dans le soin avec lequel cet amateur éclairé a réuni beaucoup de pâtes antiques, dont les sujets curieux se rattachent à la mythologie ou bien à l'histoire ; on sait trop combien ces empreintes anciennes qui suppléent pour nous à la perte de leurs originaux, sont rarement admises dans nos collections françaises, et l'on applaudira sans doute à cette espèce d'innovation, dont l'objet est de rendre à l'étude une multitude de matériaux aussi importans que variés.

La classe des gravures exécutées sur des matières dures est cependant encore beaucoup plus nombreuse que celle des pâtes antiques ; dans cette classe se trouvent de très-belles Sardonix orientales; un grand nombre de Cornalines et de Sardoines de vieille roche, et enfin une série à peu près complète des autres matières que les anciens ont employées pour la gravure.

L'ensemble de cette collection ne contient absolument que des Pierres gravées de travail grec ou romain, mais nous en avons séparé quelques-unes sur lesquelles sont représentés plusieurs symboles particuliers à l'Egypte ; les *Abraxas*, qui doivent avoir été exécutés vers les premiers siècles de l'ère vulgaire, et qui sont l'ouvrage de sectaires encore assez peu connus, précèdent immédiatement le petit nombre de pierres gravées chrétiennes que nous possédons ; on doit concevoir en général que l'ordre adopté dans cette description nous était prescrit par le nombre et le genre des sujets que nous devions classer et décrire.

La plupart des gravures exécutées sur des pierres fines sont montées en bagues d'or, et les principales pâtes antiques le sont en argent ; beaucoup d'autres Pierres, montées et non montées, qui n'ont pas été décrites, seront vendues séparément ou par petits lots, au commencement de chacune des vacations.

Nota. Les astérisques indiquent par leur nombre le degré de perfection comparé de chacune des Pierres gravées. La lettre A et la lettre M font connaître si elles sont antiques ou modernes : celles dont le travail parait incertain, ou qui peuvent avoir été retouchées, ne sont accompagnées par aucune de ces deux lettres.

DESCRIPTION

DE PIERRES GRAVÉES,

ANTIQUES ET MODERNES.

SUJETS RELATIFS A L'ÉGYPTE.

1.[**]. Prime d'émeraude. Intaille. A.

Buste d'Isis, vu de profil.

2.[**]. Chalcédoine. Intaille. A.

Tête d'Apis, de Mnévis ou d'Onuphis; elle est représentée de face, avec un disque placé entre les cornes.

3.[***]. Cristal de roche. Camée. A.

Canope vu de face et dont le couvercle a la forme ne tête humaine, surmontée par un ornement symboe; ce vase, qui repose sur une fleur de lotus, est oré en avant par une amulette suspendue à un collier; lessous de ce dernier objet est gravé un *mihr*, et plus , un scarabée dont les ailes sont éployées.

4.[**]. Cornaline onix. Intaille. A.

Canope vu de profil et qui est également surmonté par ornement symbolique; le même objet, assez fréquemt répété sur d'autres pierres gravées antiques, se remarque aussi sur plusieurs médailles impériales, frappées en Égypte (1).

5.**. Niccolo. Intaille. A.

Un prêtre égyptien dont la tête est rasée, et qui marche en tenant un canope entre ses bras.

6.*. Jaspe vert. Intaille. A.

Un *Cercopithèque* assis sur un Scarabée dont les ailes sont éployées.

7.**. Cornaline onix. Intaille. A.

Un *Agathodæmon* mitré et à demi-dressé entre un épi et un pavot ; le même symbole se voit sur une médaille frappée en Egypte sous Néron (2).

8.*. Jaspe vert. Intaille. A.

Un oiseau qui paraît être du genre des *échassiers*, et dont la tête est entourée par un nimbe ; le même objet est représenté sur une médaille frappée en Egypte sous Hadrien (3).

MYTHOLOGIE GRECQUE.

Cybèle, Provinces et Villes.

9.***. Sardonix à trois couches. Intaille. A.

Cybèle assise sur un lion passant ; la déesse appuie sa

---

(1) Zoëga, *Numi Ægyptii imperatorii prostantes in Museo Borgiano*, Tab. 3, 4, 6, 8, 10, 19.

(2) *Ibid*, tab. 2.

(3) *Ibid*, tab. 11.

main droite sur un *tympanum*, et sa main gauche tient un sceptre appuyé contre son épaule ; le même sujet est figuré d'une manière semblable sur d'autres monumens.

10.*. Pâte antique. Intaille.

La même déesse assise sur un lion courant.

11.**. Pâte antique. Intaille.

Le même sujet ; sur la gauche du champ est gravé un aigle, et sur la droite est placé un foudre.

12.**. Cornaline. Intaille. A.

Tête de Cybèle, de province ou de ville, *tourellée* et voilée.

13.**. Cornaline. Intaille. A.

Tête semblable à la précédente ; au-dessous d'elle est gravé un bélier qui court en détournant la tête, ainsi qu'on le voit au revers d'une médaille d'Antioche (1).

14.*. Cornaline. Intaille. A.

Une ville assise et les pieds appuyés sur un fleuve ; à ses côtés sont placés debout, le Soleil et la Fortune ; un sujet semblable se trouve sur une médaille d'Antioche.

JUPITER, Europe, Io, Léda, etc. etc.

15.***. Niccolo. Intaille. A.

Tête de Jupiter olympien, vue de profil et couronnée

---

(1) Pellerin, *Recueil de médailles de peuples et de villes*, t. 11, pl. 76, n°s. 8 et 9.

de lauriers ; une autre tête dont l'aspect général est semblable (1), mais qui est moderne et d'une gravure moins parfaite, est conservée dans le cabinet des antiques de la bibliothèque du Roi.

16.**. Niccolo. Intaille.

Tête du même dieu, également vue de profil, et couronnée de lauriers.

17.**. Pâte antique. Intaille.

Tête du même dieu, vue de profil et couronnée de chêne.

18.**. Améthyste claire. Intaille. A.

Tête du même dieu, vue de profil ; derrière elle est gravé un foudre, et près de son visage est placée l'inscription suivante : SPECTATI.

19.**. Cornaline. Intaille. A.

Jupiter assis et appuyé sur une *haste* ; devant lui est gravé un Hermès dont la tête est barbue.

20.**. Chalcédoine. Intaille. A.

Jupiter assis, appuyé sur une *haste* et tenant un foudre ; aux pieds du dieu on voit un aigle, et près de sa tête sont placées ces deux lettres grecques : ΠΑ.

21.*. Jaspe rouge. Intaille. A.

Jupiter *très-grand*, assis et appuyé sur une *haste* ; autour de lui on lit : IOVI MAX.

____

(1) Mariette, *Recueil des pierres gravées en creux, du cabinet du Roi*, pl. 1, n°. 2.

22.**. Cornaline. Intaille. A.

Jupiter assis, tenant une patère et s'appuyant sur une *haste*; à ses pieds est placé un aigle.

23***. Cornaline. Intaille. A.

Jupiter *axur* (imberbe), assis sur un trône, appuyé sur une *haste*, et tenant une patère; devant lui sont figurés un aigle, un paon et une chouette; ces oiseaux, consacrés aux trois divinités protectrices du Capitole, sont posés sur autant de petites arcades, au-dessous desquelles on aperçoit quelques caractères dont la forme est peu déterminée.

Cette pierre gravée, précieuse sous le rapport de l'art, et très-intéressante par le sujet peu commun qu'elle représente, a été découverte dans les environs de la ville de Marseille; M. Grivaud (1) en a publié la copie et l'explication.

24.**. Chalcédoine. Intaille. A.

Jupiter assis, portant une petite statue de la victoire sur sa main droite, et tenant une corne remplie de fruits, qui est appuyée contre son épaule gauche.

La corne d'Amalthée ne se voit entre les mains de Jupiter que sur un très-petit nombre de monumens antiques; le plus anciennement connu est un bas-relief qui a été décrit par Spon (2). On retrouve encore le même dieu

---

(1) *Recueil de monumens antiques*, etc., pl. 37, n°. 4. Nous croyons reconnaitre une patère dans le corps arrondi que tient Jupiter, et que M. Grivaud a pris pour une couronne.

(2) *Miscellanea*, etc. Sect. III, p. 71.

avec cet attribut, sur trois pierres gravées, dont l'une a été reproduite plusieurs fois (1), ainsi que sur quelques vases grecs en terre peinte, qui ont aussi été publiés (2).

25.*** . Vermeille. Intaille. A.

Jupiter debout entre deux aigles et placé sur le sommet d'une montagne ; le même sujet se retrouve avec de légères différences sur une médaille de Césarée de Capadoce (3), ainsi que sur quelques pierres gravées (4).

26.** . Hyacinthe. Intaille. A.

Tête de Jupiter Ammon, vue de profil ; au-dessus d'elle et à ses côtés, sont gravés trois astres rayonnans; au-dessous est placé un croissant.

27.* . Cornaline. Intaille. A.

Autre tête du même dieu, vue également de profil ; cette tête, qui est entourée de rayons, porte le *modius*.

28.**** . Sardonix à trois couches. Intaille. A.

Tête de Sérapis, vue de profil et couronnée de lauriers.

---

(1) De Lachausse, *gemme antiche*, etc., tav. 125.–Winckelmann, *Catalogue de Stosch*, pag. 46, nᵒˢ. 79 et 80.— Raspe, *Catalogue de Tassie*, nᵒ. 978. — Millin, *Pierres gravées inédites*, pl. 3.

(2) Gori, *Museum Etrusc.*, t. 1, p. 159.—Passeri, *pict. Etrusc.*, t. ii, tab. 104.–Tischbein, *Vases grecs*, etc., t. iv, pl. 25—Millin, *Peintures de vases*, t. ii, pl. 10; *ibid*, p. 20 (note 2).

(3) Pellerin, *Mélanges de médailles*, t. 1, pl. 8, nᵒ. 9.

(4) Gori, *Museum Florentinum*, t. ii, tab. 73. – *Thesaurus gemmarum antiquarum astriferarum*, t. 1, tab. 15.— Raspe, *Catalogue de Tassie*, nᵒ. 980.

29.**. Niccolo. Intaille. A.

Tête du même dieu, vue de profil et placée au-dessus d'un globe.

30.**. Cornaline. Intaille. A.

Tête du même dieu, vue de profil et posée sur un aigle ; à ses côtés sont placés un croissant et un astre rayonnant ; la composition entière est entourée par deux branches de lauriers.

31.**. Cornaline. Intaille. A.

Sérapis assis, placé en regard avec une femme debout et qui peut être Isis ; derrière le dieu est gravée la figure de l'Abondance.

32.*. Cornaline. Intaille. A.

Un foudre.

33.*. Cornaline. Intaille. A.

Europe enlevée par Jupiter transformé en taureau.

34.**. Matière brûlée ; Camée. A.

Argus assis au pied d'un olivier (1), surveillant Io, qui est changée en vache ; ce sujet est traité de la même manière sur des pierres gravées qui ont été publiées (2).

---

(1) *Apollodore*, l. II, c. 1, § 3.

(2) Gori, *Museum Florentinum*, t. I, tab. 57, n°. 3. — Schlichtegroll, *Pierres gravées de Stosch*, n°. 30. — Millin, *Galerie mythologique*, n°. 384.

35.***. Niccolo. Intaille. **A.**

Léda debout et caressant Jupiter qui est transformé en cigne.

36.*. Pâte antique. Intaille.

Le même sujet.

37.***. Sardonix claire. Intaille. **M.**

Le même sujet, ouvrage de Cadès, qui a indiqué son nom par les lettres grecques suivantes : ΚΑΔ.

38.*. Sardonix. Intaille. **A.**

Castor et Pollux, en regard, et montés sur des chevaux.

39.*. Cornaline. Intaille. **A.**

Buste de l'un des Dioscures, vu de profil; au-dessus de sa tète est gravée une étoile.

40.*. Cornaline. Intaille. **A.**

Une femme assise et à demi-nue (peut-être Hébé), caressant un aigle derrière lequel est représentée une corne d'abondance.

41.*. Pâte antique. Intaille.

Ganymède debout, caressant l'aigle de Jupiter.

42.**. Pâte antique. Intaille.

Ganymède appuyant son bras droit sur un cippe, et tenant un *pedum* et un rameau ; à ses pieds est un aigle qui le regarde avec attention.

43.*. Pâte antique. Intaille.

Ganymède enlevé par l'aigle de Jupiter ; au-dessous de lui se voit un vase renversé. Ce sujet ainsi figuré se trouve sur d'autres pierres gravées qui sont connues.

44.*. Bague antique en argent. Relief.

Ganymède debout, et présentant une coupe à l'aigle de Jupiter.

N e p t u n e, Divinités de la mer, etc.

45.**. Cornaline. Intaille. A.

Neptune appuyant son pied droit sur un monceau de pierres. Ce dieu tient son trident de la main droite, et sa main gauche soutient un dauphin.

46.*. Pâte antique. Intaille.

Le même dieu tenant un *aplustre*, et posant le pied droit sur une proue de vaisseau.

47.**. Cornaline. Intaille. M.

Neptune assis à terre et tenant son trident.

48.**. Cornaline. Intaille.

Le même dieu posé sur un char attelé de deux chevaux marins.

49.**. Cornaline. Intaille. A.

Neptune élevant le pied droit sur un monceau de pierres et s'appuyant sur son trident ; derrière lui est gravée une colonne sur laquelle est placé un objet mal formé, mais qui paraît être une urne : en regard du dieu

est représentée une divinité de la mer, assise sur un dauphin et tenant dans sa main gauche une espèce de sceptre
ou de plante marine.

Cette composition pourrait rappeler les consolations
que Neptune vint adresser à Thétis, après la mort
d'Achille (1). En adoptant cette conjecture, l'urne dont il
a été parlé serait celle dans laquelle les filles de Nérée
renfermèrent les cendres de ce héros (2), avant que ses
compagnons lui eussent élevé un tombeau près du cap
Sigée.

50.**. Pâte antique ; Camée.

Une divinité de la mer, assise sur un dauphin, et retenant son voile qui est enflé par le vent.

51.*. Cornaline. Intaille. A.

Une divinité de la mer, debout, tenant un trident et
un vase.

52.*. Cornaline. Intaille. A.

Un Triton sonnant du *buccin*, et portant un trident.

53.*. Cornaline. Intaille. A.

Un *Hippocampe* ; près de lui est gravé un trident.

54.**. Chalcédoine châtoyante. Intaille. A.

Un monstre marin dont la tête est armée de longues
cornes.

55.**. Cornaline. Intaille. A.

Un trophée placé sur la proue d'un vaisseau, et qui

---

(1) Quintus Smyrn., lib. III.
(2) *Ibid.*

doit rappeler le souvenir d'une victoire navale ; sur le champ sont gravés quelques caractères assez mal conservés.

56.**. Cornaline. Intaille. A.

Une corne d'abondance remplie de fruits et posée sur un navire traîné par quatre dauphins ; cette composition paraît indiquer les richesses que procure la navigation.

57.**. Aigue-marine. Intaille. A.

Un dauphin.

58.*. Amulette en améthyste. Intaille. A.

Un trident autour duquel est gravée l'inscription suivante : IMP M PIUS.

APOLLON, Esculape, Muses, etc.

59.**. Pâte antique. Intaille.

Apollon debout, tenant son arc et une flèche.

60.**. Jaspe vert. Intaille. A.

Apollon debout, près d'une petite colonne qui supporte sa lyre, et tenant une branche de laurier.

61.***. Niccolo. Intaille. A.

Le même dieu debout, tenant sa lyre et une branche de laurier (1); autour de cette figure est gravée l'inscription suivante : MVIIF.

---

(1) Une pierre gravée que nous avons moulée au *bésestein* de Constantinople, offre une figure d'Apollon Delphique, tenant également une branche de laurier. Autour d'elle on lit : AMΦIAOXOC. (l'ambigu.)

62.*. Pâte antique. Intaille. A.

Apollon assis, tenant sa lyre, et regardant Marsyas, qui est attaché à un arbre.

63.*. Cornaline. Intaille. A.

Le supplice de Marsyas, exécuté par un bourreau scythe.

64.*. Jaspe rouge. Intaille. A.

Le même sujet.

65.*. Pâte antique. Intaille.

Apollon et Hercule debout et rapprochés, appuyés l'un sur sa lyre, et l'autre sur sa massue ; ce sujet peut avoir rapport à la réconciliation de ces deux divinités qui, après avoir été long-temps divisées par suite du meurtre d'Iphitus, s'unirent enfin pour bâtir la ville de Gythium en Laconie, où leurs statues furent ensuite placées dans un même lieu (1).

66.*. Jaspe vert. Intaille. A.

Le corbeau d'Apollon, perché sur un trépied ; derrière lui est un autel placé sous un laurier ; de l'autre côté est gravée une corne d'abondance posée sur un cippe ; près de ce dernier objet est une lyre.

67.*. Cornaline. Intaille. A.

Composition du même genre que la précédente, et qui est tout à fait semblable à une autre dont la gravure a été publiée (2).

______

(1) Pausanias, l. III, c. 21.
(2) De Lachausse, *gemme antiche*, tav. 155.

68.*. Pâte antique. Intaille.

Un corbeau posé sur un *bucrane* qui est orné de festons.

69.***. Niccolo. Intaille. A.

Un griffon posant l'une de ses pattes sur une roue ; près
de sa tête sont placés un croissant et un astre rayonnant.
Ce sujet se retrouve en partie sur plusieurs médailles,
ainsi que sur quelques pierres gravées.

70.*. Cornaline. Intaille. A.

Un cigne ; devant lui est gravée cette inscription : ΑΤΤΟΥ.

71.*. Topase. Intaille.

Buste d'Esculape, vu de deux tiers.

72.***. Cornaline. Intaille.

Melpomène vue à mi-corps, et regardant un masque
tragique qu'elle tient de la main droite.

73.*. Sardoine. Intaille A.

Une Muse debout, appuyée contre une colonne et
pinçant de la lyre ; cette figure, qui est fréquemment répétée
sur les pierres gravées grecques et romaines, doit avoir
été imitée d'après un original célèbre chez les anciens.

74****. Cornaline. Intaille.

Tête de femme (ou de Muse), vue de profil et couronnée de lauriers ; devant elle est gravée une lyre.

75.**. Pâte antique ; Camée.

Un génie de la comédie, appuyé sur un *pedum*,

regardant un masque scénique qu'il tient de la main droite.

76.**. Pâte antique. Intaille.

Un acteur comique, debout et appuyé sur un long bâton.

77.**. Pâte antique. Intaille.

Un autre acteur comique, assis, vu de face et les jambes croisées.

78.**. Cornaline. Intaille.

Un acteur costumé en esclave, et qui marche rapidement.

79.**. Cornaline. Intaille.

Un masque de théâtre.

Le Soleil, Mithra, l'Aurore, etc.

80.***. Grenat. Intaille. A.

Buste du soleil, vu de face et posé sur un croissant ; à sa droite sont gravées ces trois lettres ΛΨΒ ; à sa gauche est un astre rayonnant.

81.***. Cornaline. Intaille. A.

Buste du soleil, vu de deux tiers.

82.**. Cornaline. Intaille. A.

Tête du soleil ; au-dessous d'elle est gravé un croissant, et plus bas, est un panier rempli de fruits.

83.**. Cristal de roche. Intaille. A.

Mithra égorgeant un taureau ; sous ce dernier sont gravés un serpent et un scorpion.

84.**. Pâte antique. Intaille.

L'Aurore, au milieu des chevaux qui conduisent son char ; composition semblable à celle qui se remarque sur un denier de la famille Plautia, ainsi que sur un camée, qui a été également publié (1).

85.**. Vermeille. Intaille. A.

Le signe du cancer.

86.**. Pâte antique. Intaille.

Le chien Syrius vu à mi-corps et de face.

DIANE, La Nuit, Chasseurs, etc.

87.***. Sardonix à trois couches. Intaille. A.

Tête de Diane, vue de profil.

88.*. Cornaline. Intaille. A.

Diane chasseresse, accompagnée d'une biche ; ce sujet est répété sur les deux faces opposées de la même pierre gravée.

89.*. Cornaline. Intaille. A.

Diane assise sur un rocher et tenant son arc de la main droite ; près d'elle est gravée une biche.

---

(3) Eckhel, *Num. anecd.*, p. 13.—Leblond et Delachau. *Pierres gravées du cabinet d'Orléans*, t. 1, pl. 45.

90.**. Sardoine à trois couches. Intaille. A.

Diane d'Ephèse, vue de face.

91.**. Prase. Intaille. A.

Diane *Sélène* élevant un voile au-dessus d'elle, et tenant un flambeau ; près de cette figure sont placés un
casque, une lance et un bouclier; au bas du champ est tra-
cée une inscription peu lisible.

Au revers est gravé le signe du Sagittaire.

92.**. Niccolo. Intaille. A.

La nuit, tenant les extrémités d'un voile qui s'élève
au-dessus de sa tête.

93.**. Cornaline. Intaille. A.

Un Chasseur, debout et accompagné de deux chiens.

94.*. Sardoine. Intaille. A.

Un chasseur qui tient un chien en laisse.

95.**. Jaspe rouge. Intaille. A.

Un chasseur retenant un chien qui veut s'élancer.

96.**. Niccolo. Intaille. A.

Un chasseur excitant un chien qui s'élance.

97.**. Niccolo. Intaille. A.

Un homme accompagné par un chien, et qui présente
en avant la pointe de son javelot.

98.**. Niccolo. Intaille. A.

Un homme portant un lièvre suspendu au bout d'un bâton, et tenant une grappe de raisin.

MINERVE.

99.**. Cornaline brûlée. Intaille. M.

Tête de Minerve, vue de profil.

100.**. Sardoine à trois couches. Intaille. A.

Le même sujet.

101.**. Jaspe brûlé. Intaille. A.

Minerve debout, appuyée sur un bouclier et portant une figure de la Victoire.

102.*. Pâte antique. Intaille.

La même déesse, marchant accompagnée d'un serpent.

103.**. Pâte antique. Intaille.

Minerve (ou Bellone) marchant au combat, et présentant en avant le bout inférieur de sa lance.

104.*. Pâte antique. Intaille.

Minerve appuyée sur les épaules d'un enfant qui paraît tenir des tablettes à la main.

105.**. Pâte antique. Intaille.

Fragment d'une composition semblable à celle qui vient d'être décrite.

106.*. Sardonix. Intaille. A.

Une chouette vue de face.

M A R S , la Victoire , Guerriers , etc.

107.*. Hématite. Intaille. A.
Mars *gradivus*, couronné par la Victoire.

108.**. Cornaline. Intaille. A.
Mars nu, armé d'un glaive et d'un bouclier, tuant le
géant Mimas : ce sujet est figuré d'une manière semblable
sur une pierre gravée qui a été publiée (1).

109.**. Cornaline. Intaille. A.
Mars (ou un héros) nu, debout, tenant une lance,
et placé près d'un trophée.

110.***. Cornaline. Intaille.
Mars (ou un guerrier) debout, et armé de toutes pièces.

111.*. Pâte antique. Intaille.
Un génie de Mars, le pied gauche élevé sur un globe,
et attachant sa chaussure ; devant lui est placé un trophée
d'armes.

112.**. Jaspe noir. Intaille. A.
Buste de la Victoire, vu de profil.

113.**. Cornaline. Intaille. A.
La Victoire debout, tenant une palme et une couronne;
autour d'elle est gravé : ZHNOBI.

____

(1) Bracci, *De antiquis scalptoribus qui sua nomina in-
ciderunt gemmis*, tab. VII, n°. 1 (du Supplément).

114.*** . Niccolo. Intaille. A.

Le même sujet ; sur le champ on lit : NEIKH⚹OPOC.

115.*** . Niccolo. Intaille. A.

Le même sujet ; devant la figure est gravée une lettre mal formée, mais qui peut être un ʌ.

116.* . Pâte antique. Intaille.

La Victoire debout, appuyant la main droite sur un bouclier qui est soutenu par une figure humaine.

117.** . Niccolo Intaille. A.

La Victoire nue, debout et portant un trophée d'armes.

118.** . Cornaline. Intaille. A.

La Victoire guidant un *bige*, et tenant deux épis avec son fouet.

119.*** . Pâte antique. Intaille.

La Victoire sur un bige.

120.** . Cornaline. Intaille. A.

Deux cavaliers combattaut deux autres guerriers qui sont à pied, et dont l'un est étendu sur la terre : M. Grivaud (1) a publié cette intaille, en indiquant quelques-uns des sujets qu'elle peut représenter.

121.** . Jaspe rouge. Intaille. A.

Un prisonnier qui marche, et dont les mains sont attachées derrière le dos.

____

(1) *Annales encyclopédiques*, octobre 1817, p. 267, 276.

1 22.**. Pâte antique. Intaille.

Un prisonnier lié et assis sur un bouclier.

1 23.*. Pâte antique. Intaille.

Deux prisonniers agenouillés et qui supportent un trophée d'armes.

1 24.*. Cornaline. Intaille. A.

Un prisonnier attaché à un trophée.

1 25.**. Cornaline. Intaille. A.

Une cuirasse à laquelle est suspendu un glaive.

1 26.*. Pâte antique. Intaille.

Un casque.

VÉNUS, les Grâces, Cupidon, Psyché, etc.

1 27.***. Cornaline. Intaille. A.

Vénus *Victrix*, debout, appuyee sur un bouclier et tenant un glaive et une lance; devant elle est Cupidon qui lui présente un casque. Une statue de Vénus armée se voyait dans les environs de Sparte (1).

1 28.**. Cornaline. Intaille.

Vénus appuyée sur un piédestal qui supporte une statue de Cupidon.

1 29.***. Cornaline. Intaille.

Vénus vêtue de long, prenant le bras de Cupidon qui lui présente un objet inconnu.

_____

(1) Pausanias, l. III, c. 15.

130.*. Jaspe rouge. Intaille. A.

Vénus élevant sa jambe gauche, et s'appuyant sur une rame.

131.*. Prime d'émeraude. Intaille. A.

Vénus *vulgaire* croisant sa jambe gauche sur la droite, et s'appuyant sur une figure d Priape.

132.**. Pâte antique. Intaille.

Les trois Grâces groupées ensemble.

133.*. Pâte antique. Intaille.

Cupidon courbant son arc ; figure semblable à celles que l'on suppose copiées d'après une statue de Lysippe.

134.*. Pâte antique. Intaille.

Cupidon qui marche en s'éclairant avec une lanterne.

135.**. Pâte antique. Intaille.

Le même dieu renversant son flambeau ; sur lui est appuyé un jeune homme nu , qui peut être Mars.

136.**. Cornaline. Intaille.

Cupidon jouant avec un cigne ; près de lui est gravée une demi-coloune, ainsi qu'un vase renversé.

137.*. Cornaline. Intaille. A.

Le même dieu assis sur un dauphin, et pêchant avec une ligne.

138.**. Niccolo. Intaille. A.

Le même sujet.

139.**. Pâte antique. Intaille.

Cupidon guidant un char auquel sont attelés deux papillons ; devant lui est gravée la *meta* d'un cirque.

140. Pâte antique. Camée.

Cupidon plongeant ses mains dans une vasque.

141.*. Cornaline. Intaille. A.

Le même dieu monté sur un cheval qui est au galop ; ce sujet est figuré sur une pierre gravée ainsi que sur une Patère grecque, en terre peinte (1), qui appartient à la magnifique collection de M. Durand.

142.**. Pâte antique. Camée.

Le même dieu assis et voguant sur un cheval marin.

143.**. Pâte antique. Intaille.

Cupidon à demi-agenouillé, prenant la patte d'un lion qui est assis devant lui. Ce sujet a déjà été publié (2).

144.*. Jaspe rouge. Intaille A.

Cupidon tenant une couronne, et montant à l'aide d'une échelle, au sommet d'une colonne sur laquelle est placé un griffon qui pose sa patte sur une roue ; derrière la colonne sont gravés une fleur, un arc et un flambeau.

---

(1) Gorlée, *Dactyliotheca*, etc., t. II, n°. 671.—Millin, *Peintures de vases antiques*, etc., t. 2, pl. 39.

(2) Schlaeger, *Thesaurus supellectilis antiquariæ*, n°. 9. —Raspe, *Catalogue de Tassie*, pl. 43, n°. 6710.

145.*. Jaspe vert. Intaille. A.

Cupidon attaché à une colonne semblable à celle dont il vient d'être parlé ; devant lui est gravée cette inscription : ΔΙΚΑΙΟϹ.

Un sujet semblable, accompagné de la même inscription , a été déjà publié (1).

146.**. Sardoine. Intaille. A.

Tête de Psyché, vue de profil, couronnée de fleurs et terminée enhermès ; derrière elle est gravé : Λ ΥΠΟϹ.

147.**. Cornaline. Intaille. A.

Psyché debout et vue de profil.

148.*. Pâte antique. Camée.

Psyché attachant Cupidon à une colonne.

149.**. Sardoine brûlée. Intaille. A.

Cupidon debout et attaché à une colonne derrière laquelle est posé un papillon.

150.**. Sardoine. Intaille. A.

Le même dieu à demi-agenouillé et les mains liées derrière le dos ; sur ses mains est posé un papillon.

151.**. Pâte antique. Intaille.

Cupidon assis et les mains attachées à un myrthe.

---

(1) Raspe , *Catalogue de Tassie* , pl. 5 , n°. 154.

On retrouve la même inscription sur d'autres objets d'antiquité. *Voy*. Winckelmann , *Catalogue de Stosch* , p. 270 , n°. 1690.

152.**. Pâte antique. Intaille. **A**.

Psyché assise à terre et accomplissant l'un des travaux qui lui étaient imposés par Vénus ; ce sujet se trouve sur d'autres pierres gravées (1).

153.**. Cornaline. Intaille. **A**.

Cupidon debout et qui tient un papillon suspendu à à une ligne.

154.*. Pâte antique. Camée.

Cupidon et Psyché, debout et groupés ensemble.

155.**. Pâte antique. Intaille. **A**.

Deux génies montés sur une barque qui porte une voile; l'un d'eux, placé à la proue, tend la main à un de ses compagnons qui veut remonter à bord.

Ce sujet a été publié par M. Grivaud (2).

156.*. Jaspe rouge. Intaille. **A**.

Trois génies montés sur une barque, et dont l'un pêche avec une ligne ; sur le haut du champ on lit · AMOR.

157.*. Pâte antique. Intaille.

Deux génies qui jouent avec un cigne.

158.***. Cornaline. Intaille. **A**.

Un génie couché sur la terre, et qui paraît endormi ; près de lui est agenouillé un autre génie qui tient à sa main un objet peu reconnaissable.

---

(1) Gori, *Museum Florentinum*, t. 1, pl. 100, n°. 2.
(2) *Recueil de monumens antiques*, etc., pl. 15, n°. 6.

159.**. Pâte antique. Intaille.

Deux génies attelés à un petit char et traînant un de leurs compagnons.

160. Pâte antique. Intaille.

Deux génies dont l'un porte une palme ; près d'eux sont gravés deux coqs et un hermès.

161.**. Pâte antique. Camée.

Un génie guidant un de ses compagnons, qui est monté sur un cerf.

162.**. Pâte antique. Intaille.

Un génie caressant un ours sur lequel est monté un autre enfant.

163.***. Sardoine barrée. Intaille.

Au centre de la composition est une colonne sur laquelle brûlent des flammes ; à sa droite est placé un génie qui immole un bélier ; sur le côté opposé on voit un autre génie qui élève un objet peu reconnaissable ; à ses pieds est un vase renversé. Cette pierre gravée (ou une autre toute semblable) a été publiée (1).

MERCURE ; attributs de ce Dieu.

164.**. Jaspe rouge. Intaille. A.

Téte de Mercure vue de profil ; devant elle est gravé un caducée.

___

(1) Gorlée, *Dactyliotheca*, etc., t. II, n°. 672.

165.*. Pâte antique. Intaille.

Tête du même dieu, vue de profil et posée sur la partie supérieure d'un oiseau.

166.***. Améthyste. Intaille. A.

Mercure tenant une baguette et assis sur l'extrémité d'un promontoire ; ce sujet se retrouve sur diverses pierres gravées qui ont été publiées (1).

167.*. Pâte antique. Intaille.

Le même sujet, ou la baguette est remplacée par le caducée.

168.*. Jaspe rouge. Intaille. A.

Mercure couronné par la Victoire.

169.**. Cornaline. Intaille. A.

Mercure debout ; devant lui est représenté la Fortune à demi-renversée. Sur le milieu du champ est placé un croissant entouré par trois étoiles.

170.*. Cornaline. Intaille. A.

Le même dieu debout ; sur son bras droit est posé un coq, et derrière lui est un scorpion. Un petit nombre de caractères sont placés sur le champ.

---

(1) Leblond et Delachau, *Pierres gravées du cabinet d'Orléans*, tom. 1, pl. 24.—Boydell, *a collection of fifty prints from antique gems*, etc., pl. 37.

171.**. Cornaline. Intaille. A.

Mercure *inferus*, barbu, et tirant une âme des enfers ;
ce sujet se voit sur d'autres pierres gravées.

172.**. Cornaline. Intaille. A.

Un caducée entre deux cornes d'abondance ; ce sujet,
qui se remarque sur plusieurs médailles, est également
gravé sur une belle patère en bronze qui a été publiée (1).

173 **. Pâte antique. Intaille.

Un caducée posé sur une tortue ; en haut de ce caducée
est gravée une étoile et à ses côtés sont placées ces deux
lettres ; EP.

Un serpent qui se mord la queue entoure le champ.

174.*. Prime d'émeraude. Intaille. A.

Un des pieds de Mercure, sa bourse et son caducée.

175.**. Jaspe vert. Intaille. A.

Un caducée.

176.**. Jaspe vert. Intaille.

Un bélier près d'un épi ; au-dessus de lui sont gravées
ces quatre lettres : SABL.

BACCHUS, Ariane ; Génies de Bacchus, etc.

177.****. Pâte antique. A.

Bacchus, la tête couronnée de pampres, marche et

---

(1) Museum Arigoni, *antiquitates Æneæ diversæ*, tab. 3.

porte un thyrse sur son épaule gauche , en soulevant avec sa main droite une draperie légère qui flotte derrière lui.

Cette empreinte antique a été moulée sur une pierre gravée du plus beau travail , et qui maintenant n'existe plus ; une autre empreinte prise sur le même original , a été citée plusieurs fois avec beaucoup d'éloges (1).

178.***. Niccolo. Intaille. A.

Bacchus debout et appuyé sur un cippe , tenant un thyrse et un *rhyton*; à ses pieds est gravée une panthère.
Une intaille semblable a été publiée (2).

179.***. Cornaline. Intaille.

Bacchus assis et appuyé sur un jeune faune ; au pied du dieu est gravée une panthère.

180.****. Sardonix. Camée.

Bacchus debout, appuyé sur un thyrse avec sa main gauche et qui porte la main droite sur sa tête , en signe de repos ; près de lui est placé un de ses suivans , qui tient un objet assez peu reconnaissable.

181.**. Améthyste claire. Intaille. A.

Tête d'Ariane , vue de profil.

---

(1) Gravelle , *Recueil de pierres gravées* , t. 1 , pl. 10. — Winckelmann , *Catalogue de Stosch* , p. 230 , n°. 1443. — Raspe , *Catalogue de Tassie* , n°. 4290.

(2) Gori , *Museum Florentinum* , t. 1 , tab. 93 , n°. 7.

182.****. Niccolo. Intaille. A.

Tête de l'un des génies de Bacchus, vue de deux tiers.

183.**. Pâte antique. Camée.

L'un des génies de Bacchus, monté sur une panthère, et portant un thyrse sur l'épaule droite.

184.**. Cornaline. Intaille. A.

Un des génies de Bacchus, jouant avec une panthère.

185.**. Pâte antique. Camée.

Deux génies qui dépouillent une vigne de ses raisins ; le tour du champ contient cette inscription : L. SPI. MAR.

186.***. Cornaline. Intaille. A.

Un génie jouant avec une oie à qui il montre de loin une grappe de raisin.

187.**. Pâte antique. Intaille.

Un génie tenant un thyrse, et portant sur sa tête un masque de Silène.

188.**. Jaspe rouge. Intaille. A.

Masque de Silène, vu de profil ; au-dessous est gravé un *pedum*.

189.**. Niccolo. Intaille. A.

Tête de Silène.

190.**. Niccolo. Intaille. A.

Un autre masque de Silène.

191.**. Jaspe rouge. Intaille. A.

Tête de satyre, vue de profil, et gravée au-dessus d'un *pedum.*

192.****. Cornaline. Intaille. A.

Tête de faune, vue de profil et couronnée de *corymbes*; cette pierre gravée, dont l'exécution est d'une finesse remarquable , ressemble beaucoup au buste célèbre connu sous la dénomination de faune *à la tache.*

193.***. Pâte antique. Camée.

Tête de faune, vue de deux tiers.

194.*. Chalcédoine onix. Camée. A.

Tête de faune , vue de profil.

195.**. Cornaline. Intaille. A.

Tête de l'un des suivans de Bacchus, vue de profil ; près d'elle est gravé un thyrse.

196.*. Cornaline. Intaille. A.

Un vieux faune accroupi, et qui tient une outre; cette pierre gravée paraît avoir formé originairement la base d'un scarabée.

197.**. Jaspe rouge. Intaille.

Un faune couvert d'une *nébris*, et qui marche en jouant de la flûte.

198.*. Pâte antique. Intaille.

Un faune assis près de deux flûtes, figure semblable à

celle que représente une très-belle pierre gravée qui appartient à la collection du duc de Marlborough (1).

199.**. Pâte antique. Camée.

Une bacchante qui déploie derrière elle un grand voile dont elle était enveloppée.

200.**. Cornaline. Intaille. A.

Une *ciste* ornée de guirlandes et sur laquelle sont posés deux masques ; l'un de Silène et l'autre de bacchante.

201.**. Cornaline. Intaille. A.

Assemblage de trois masques qui représentent des suivans de Bacchus.

202.**. Jaspe rouge. Intaille. A.

Quatre masques réunis, parmi lesquels on distingue ceux de Silène et de Pan ; près de chacun d'eux est gravé un *pedum*.

203.**. Pâte antique. Intaille.

Hermès à tête de Pan, vu de face ; auprès de lui est gravé un vase, ainsi qu'un autel allumé.

HERCULE, Centaures, Omphale, etc.

204.**. Cornaline. Intaille. A.

Hercule au berceau étranglant les deux serpens que

____

(1) *Gemmarum antiquarum delectus, ex præstantioribus desumptus ducis Marlburiensis conservatur*, t. 1, tab. 34.

Junon avait envoyés pour le dévorer ; ce sujet, qui a été traité assez souvent par les anciens, se trouvait aussi représenté sur le bouclier d'Eurypile (1).

205.****. Sardonix à trois couches. Intaille.

Hercule portant une draperie légère qui passe sur l'un de ses bras, et tenant un serpent dans chacune de ses mains ; devant lui est gravée une massue.

Le sujet représenté sur cette belle sardonix est composé de la même manière sur deux pierres gravées, dont l'une a fait partie du cabinet du Roi (2), et dont l'autre se trouve dans la collection de M. Allier de Hauteroche.

206.*. Sardoine. Intaille. A.

Hercule imberbe et entièrement nu, étouffant le lion du mont Cithéron.

207.**. Niccolo. Intaille.

Tête d'Hercule, barbue et vue de profil.

208.***. Onix à quatre couches. Intaille. A.

Le même sujet.

209.***. Améthyste claire. Intaille.

Hercule assis et paraissant plongé dans une profonde méditation ; on pourrait reconnaître ici la tristesse à laquelle le héros fut livré après l'accès de fureur dans lequel il massacra une partie de sa famille.

---

(1) Quintus Smyrn. L. VI.

(2) Mariette, *Recueil de pierres gravées*, etc., pl. 74.

210.***. Améthyste claire. Intaille.

Hercule assis, la tête courbée, et la main droite appuyée sur un glaive très-court, dont la pointe repose sur son genou (1); devant lui est gravé le nom d'Agéladas ; (ΑΓΗΑΛΔΟΥ.)

Sans émettre ici aucune opinion sur l'authenticité de cette inscription, nous nous bornerons à rappeler que le nom d'Agéladas, encore inconnu parmi ceux des graveurs grecs, a été porté par un des plus célèbres statuaires de l'antiquité (2).

211.*. Cornaline. Intaille. A.

Hercule assommant un centaure.

212.***. Amulette en cristal de roche. Intaille. A.

Une centauresse buvant dans une coupe, et tenant également près de sa bouche un *rhyton*, dont l'extrémité inférieure est formée par le devant d'un cheval.

Cette figure est très-intéressante, en ce qu'elle se compose du corps entier d'une femme, à laquelle se joignent sans beaucoup de liaison, le corps et les jambes de derrière d'une petite cavale.

L'usage de conserver le corps humain tout entier dans la représentation des Centaures, était très-ancien chez les Grecs. Mais comme il était peu favorable aux beaux déve-

---

(1) Ce sujet, répété sur beaucoup de pierres gravées antiques, n'a pas été jusqu'ici expliqué d'une manière satisfaisante.

(2) Pline, l. 34, c. 8, sect. 19.—Pausanias, l. 7, c. 24. et l. 8, c. 42.

loppemens de l'art, il paraît n'avoir été suivi que dans un petit nombre d'occasions ; Pausanias (1), qui avait observé en détail une prodigieuse quantité de monumens, n'en cite qu'un seul exemple ; le savant Freret (2) a conjecturé cependant que la constellation du Centaure était ainsi représentée sur les planisphères, au temps d'Eudoxe et d'Aratus.

Nous terminerons cet article en indiquant les autres objets d'antiquité sur lesquels on retrouve encore cette forme remarquable : le premier est une petite statue en bronze, qui a été publiée par Gori (3) et qui fait aujourd'hui partie de la magnifique collection de M. Durand; le second est un camée que possédait autrefois le chevalier Vettori (4) ; enfin, le dernier est un scarabée græco-italique, du plus vieux style, que nous avons vu entre les mains de M. Carelli, antiquaire napolitain très-distingué.

213.**. Jaspe rouge. Intaille. A.
Hercule étouffant Antée.

214*. Pâte antique. Intaille.
Hercule enchaînant Cerbère.

215.***. Cornaline. Intaille. A.
Tête d'Omphale, vue de profil et couverte d'une peau de lion.

---

(1) L. 5, c. 19.
(2) *Mémoires de l'Académie des inscriptions et belles-lettres*, t. VII, p. 517.
(3) *Museum Etruscum*, t. 1, tab. 65.
(4) Gori, *Museum Florentinum*, t. 2, tab. 59, n°. 1.

216.**. Cornaline. Intaille. A.

Autre tête d'Omphale, également vue de profil.

217.**. Cornaline. Intaille. M.

Demi-figure d'Omphale, à moitié enveloppée dans une peau de lion, et portant une massue sur son épaule. Gravure de Pichler.

218.***. Jaspe sanguin. Intaille.

Hercule debout, près d'un autel.

219.*. Pâte antique. Intaille.

Hercule urinant. Ce sujet se voit sur d'autres monumens.

220.*. Cornaline. Intaille. A.

Hercule conduit au ciel par Iris, qui tient un sceptre et un caducée ; au-dessus du héros est gravé un croissant avec un astre rayonnant et sur le bord du champ on lit : M. VETTI.

Le sujet gravé sur cette cornaline est rarement représenté sur les monumens antiques (1).

221.*. Cornaline. Intaille. A.

La massue d'Hercule placée entre deux dards ; près de l'un d'eux on lit : IACCO.

222.*. Niccolo. Intaille. A.

La massue d'Hercule.

___

(1) Dempster, *de Etruria regali*, etc., t. 1, tab. 2. — Millin, *Peintures de vases antiques*, etc., t. 1, pl. 15.

NÉMÉSIS, la Fortune, l'Abondance, etc.

223.**. Cornaline. Intaille. A.

Une divinité assise, découvrant un peu son sein avec la main droite, et portant appuyé contre son épaule gauche, un objet dont la forme est peu déterminée, mais qui peut être un frein ; à ses pieds est gravée une roue, attribut donné à Némésis ; autour d'elle on lit : ETEAΠICTOT. Une inscription semblable est connue (1).

224.**. Niccolo. Intaille. A.

La Fortune assise sous un portique ; ce sujet est aussi figuré sur une médaille de Claudia, fille de Néron (2).

225.**. Cornaline. Intaille. A.

La Fortune debout ; autour d'elle on lit : ΠANTACTHI. Cette pierre gravée a été publiée par M. Grivaud (3).

226.**. Cornaline. Intaille. A.

Le même sujet ; autour du champ on lit : SVPERA DOMESTICA.

227.***. Cornaline. Intaille. A.

Le même sujet entouré de cette inscription : I. CALPVRNA MERIMNI.

228.*. Bague d'or antique. Intaille. A.

La même divinité.

---

(1) Gorlée ; *Dactyliotheca*, etc. t. II, n°. 310.
(2) Pellerin , *Mel. de Méd.*, t. I, pl. 10, n°. 6.
(3) *Recueil de monumens antiques*, etc., pl. 15, n°. 8.

229.*. Niccolo. Intaille. A.

Le même sujet.

230.**. Prase. Intaille. A.

Fortune Panthée dont la tête est casquée et qui, outre ses attributs, tient un épi dans la main droite ; derrière elle on lit : ΦΥΛΑΞΑΙ.

231.***. Sardoine barrée. Intaille. A.

L'Abondance assise, vue de face et posant son pied droit sur un objet qui nous est inconnu, mais qui peut être un petit bouclier.

232.**. Pâte antique. Intaille.

L'Abondance assise sur un taureau et sur un bélier. Une pierre gravée semblable, a déjà été publiée (1).

233.**. Améthyste claire. Intaille. A.

L'Abondance donnant la main à une femme qui porte un plateau chargé de fruits.

234.**. Jaspe rouge. Intaille. A.

Une divinité soulevant une partie de son vêtement avec sa main gauche et portant un globe sur la droite ; autour d'elle on lit : ΕΥΚΑΡΠΟΥ.

---

(1) Cartari, *imagini delli Dei de gl'antichi*, p. 302.

235.*. Sardoine. Intaille. A.

Prométhée formant l'homme.

236.*. Pâte antique. Intaille.
Le même sujet.

237.**. Pâte antique. Intaille.

Prométhée formant l'homme en présence de Minerve, sujet déjà connu par d'autres monumens.

238.*. Cornaline. Intaille. A.
Un des compagnons de Cadmus, tué par le dragon de Mars.

239.**. Niccolo. Intaille. A.

Têtes d'un vieillard aveugle et d'une jeune fille, dans lesquelles nous croyons reconnaître OEdipe et Antigone.

240.**. Sardonix à trois couches. Intaillee. A.

Jason cherchant à assoupir le dragon, gardien de la toison d'or ; sur le haut d'une colonne autour de laquelle est entortillé ce monstre, est placé l'oiseau dont Vénus avait composé un philtre pour toucher le cœur de Médée.
Derrière la figure du héros on lit : POTITI.

241.*. Pâtes antiques. Intailles.
Le même sujet répété quatre fois. Cette composition se trouve sur d'autres pierres gravées.

242.***. Pâte antique. Intaille.

Jason devant la toison qui est suspendue à un arbre autour duquel est entortillé le dragon ; aux pieds du héros est une tête de bélier posée sur un petit autel.

Ce sujet est connu par d'autres pierres gravées.

243.***. Sardonix ; Camée.

Thésée debout et appuyé sur sa massue ; près du héros est représentée une partie du labyrinthe où l'on apperçoit le Minotaure qui vient d'être vaincu.

244.***. Nicolo brûlé. Intaille. A.

Thésée debout, et appuyé sur l'amazone Antiope. Ce sujet a été traité d'une manière semblable sur d'autres pierres gravées (1).

245.*. Pâte antique. Intaille.

Dædale assis et travaillant à une aile.

246.*. Pâte antique. Intaille.

Dædale aux pieds d'Icare, et le suppliant de ne point trop élever son vol.

Ce sujet est connu par d'autres pierres gravées (2).

247.**. Cornaline. Intaille. A.

Dædale à genoux et retenant encore Icare qui com-

---

(1) Gori, *Museum Florentinum*, t. i, tab. 59, n°. 4. — Caylus, *Recueil d'antiquités*, etc., t. iii, pl. 55, n°. 1.

(2) Ficoroni, *gemmæ antiquæ litteratæ*, tab. 8: n°. 7. — Winckelmann, *Catalogue de Stosch*, p. 555, n°. 104. — Raspe, *Catalogue de Tassie*, t. ii, n°. 8727-8752.

mence à s'élever de terre. Le même sujet a été publié (1).

248.***. Cornaline. Intaille. **A.**

Tête (dite) de Léandre.

249.***. Cornaline. Intaille. **A.**

Le même sujet.

250.**. Sardoine. Intaille. **A.**

Le même sujet.

251.****. Sardonix à trois couches. Camée. **A.**

Tête de Méduse, vue de profil.

252.***. Pàte antique en relief.

Autre tête de Méduse, vue presqu'entièrement de face.

253.**. Pàte antique. Intaille.

Le cheval Pégase planant au-dessus de la Chimère.

254.**. Cornaline. Intaille. **M.**

Cinq des héros qui concoururent à la première expédition contre Thèbes. Copie de la pierre gravée célèbre qui appartient au cabinet du roi de Prusse (2).

Cette imitation de l'un des plus anciens monumens de l'art paraît en général avoir été faite avec soin ; mais nous observerons cependant que le bouclier d'Adraste ,

---

(1) *Museum Cortonense* ; tab. 5o.

(2) Winckelmann , *Catalogue de Stosch* , p. 344 , n°. 172. Cette fameuse pierre gravée a été figurée dans onze ouvrages différens , et toujours avec beaucoup d'infidélité.

qui est échancré sur l'original, a seulement ici la forme
d'un ovale régulier.

Héros qui ont figuré dans la guerre de Troie.

255.**. Cornaline. Intaille. A.

Pàris assis au pied d'un arbre, reçoit les trois déesses
qui lui sont présentées par Mercure.

256.*. Cornaline. Intaille. A.

Chiron conversant avec le jeune Achille ; derrière le
centaure est placé un Terme.

257.***. Niccolo. Intaille. A.

Achille assis sur un rocher et pinçant de la lyre ; près
du héros sont placés un casque et un bouclier : ce sujet
est représenté sur d'autres pierres gravées, dont la plus
belle connue et qui porte le nom du graveur Pamphile,
appartient au Cabinet des Antiques de la bibliothèque du
Roi (1).

258.*. Pàte antique. Intaille.

Vénus dérobant Énée à la fureur de Diomède. Natter (2)
a donné une très-mauvaise estampe qui représente le
même sujet.

259.*. Cornaline. Intaille. A.

Trois guerriers tirant au sort dans un vase qui est dé-

----

(1) Mariette, *Recueil de pierres gravées*, etc., pl. 92.
(2) *Traité de la méthode antique de graver en pierres
fines*, pl. v.

posé au pied d'une colonne. Ce sujet, qui se retrouve sur d'autres pierres gravées (1), représente peut-être une partie des héros Grecs qui s'offrirent pour combattre Hector; on pourrait y voir aussi les Héraclides se partageant, par le même moyen, les villes d'Argos, de Lacédémone et de Messène (2).

260.*. Pâte antique. Intaille.

Ulysse et Diomède allant ensemble reconnaître le camp des Troyens.

Une composition semblable a été déjà publiée (3).

261.***. Cornaline. Intaille. A.

Un guerrier barbu appuyant son pied droit sur le corps d'un homme dont il tient la tête dans l'une de ses mains; sur le bord du champ on lit : MEROPS.

Winckelmann (4) qui a décrit une pierre gravée semblable, a présumé qu'elle pouvait représenter Diomède tenant à sa main la tête de Dolon ; cette opinion nous paraît assez peu vraisemblable, et nous ne l'adoptons pour le moment, que par l'impossibilité où nous nous trouvons d'en substituer une autre qui soit plus satisfaisante.

262.*. Pâtes antiques.

Le même sujet représenté trois fois, et dans lequel le prétendu Diomède est sans barbe.

---

(1) Beger, *Thesaurus ex Thesauro Palatino*, p. 14. — Gori, *Museum Florentinum*, t. II, tab. 29, n°. 2 et 3. — Winckelmann, *Monumenti antichi inediti.*, n°. 164.

(2) *Apollodore*, l. II, c. 8, § 4.

(3) Tischbein, *Peintures homériques*, pl. 49.

(4) *Catalogue de Stosch*, p. 365, n°. 222.

263.*. Pâte antique. Intaille.

Diomède blessé, emporté sur un char. Une autre pâte antique représente le même sujet (1).

264.**. Pâte antique. Intaille.

Eurypyle blessé à la cuisse, et Patrocle à genoux devant lui, qui panse sa plaie. M. Grivaud (2) a donné la gravure de cette empreinte antique.

265.**. Niccolo. Intaille. A.

Hector prêt à lancer une torche allumée dans le vaisseau de Protésilas. M. Grivaud (3) a publié cette pierre gravée dont le sujet se retrouve sur d'autres monumens du même genre.

266.**. Pâte antique. Intaille.

Un guerrier barbu et armé de toutes pièces, achevant l'érection d'un trophée. Ce sujet représente peut-être Ménélas disposant ainsi les armes qu'il avait enlevées à Euphorbe.

267.**. Niccolo. Intaille. A.

Antiloque annonçant à Achille la mort de Patrocle.

268.**. Niccolo. Intaille. A.

Achille attachant ses *cnémides*, et s'apprêtant à venger la mort de Patrocle.

---

(1) Winckelmann, *Catalogue de Stosch*, p. 372, n°. 241.
(2) *Recueil de monumens antiques*, etc., pl. 15, n°. 9.
(3) *Ibid*, pl. 37, n°. 3.

269.*. Pâte antique. Intaille.

Le même sujet.

270.*. Pâte antique. Intaille.

Achille et Automédon courant sur un char auquel est attaché le corps d'Hector.

271.**. Pâte antique. Intaille.

Ajax accompagné d'Ulysse , défendant Achille qui est tombé sur ses genoux. La même composition se retrouve sur d'autres pierres gravées (1).

272.*. Pâte antique. Intaille.

Ajax emportant le corps d'Achille. Ce sujet est traité d'une manière semblable sur d'autres pierres gravées.

273.*. Cornaline. Intaille. A.

Le même sujet, où Ajax marche avec rapidité.

274.*. Pâte antique. Intaille.

Ajax furieux , le glaive à la main , et le pied droit posé sur la tête d'un bœuf qu'il vient d'égorger. Une pâte antique semblable a été décrite (2).

---

(1) Natter , *Traité de la méthode antique de graver en pierres fines* , pl. 10.—Winckelmann, *Catalogue de Stosch* , p. 381 , nᵒˢ. 281 et 282. — Boydell, *a Collection of fifty prints from antique gems* , etc. , pl. 38.

(2) Winckelmann , *Catal. de Stosch* , p. 383 , nᵒ. 293.

275.*. Pâte antique. Intaille.

Ajax se tuant avec son épée.

276.*. Cornaline. Intaille.

Diomède tenant le Palladium, et semblable par son attitude à celui gravé par Dioscorides (1).

277.*. Pâte antique. Intaille.

Le même sujet ; aux pieds du héros est renversée la prêtresse Théano, gardienne du temple de Minerve.

278.**. Sardonix. Intaille. A.

Diomède agenouillé et tenant le Palladium ; figure semblable à une autre qui a été publiée (2).

279.*. Cornaline-onix. Intaille. A.

Le Palladium.

280.**. Sardoine-barrée. Intaille. M.

Copie du groupe qui représente Laocoon et ses fils dévorés par deux serpens.

Cette copie appartenait autrefois au baron de Crassier,

---

(1) Stosch, *gemmæ antiquæ*, etc., pl. 29.

(2) Caylus, *Recueil d'antiquités*, etc., t. 1, pl. 48, n°. 2. Nous remarquerons ici que Caylus s'est trompé en donnant de la barbe à ce héros qui n'en porte point sur la pierre gravée publiée par ce savant. Diomède n'est représenté avec de la barbe que sur un très-petit nombre de monumens, dont le plus connu a été l'objet d'une dissertation de M. Guattani. (Voy. *Monum. ant. inéd.*, novembre et décem. 1805, pl. 31.)

qui l'a publiée comme antique (1); Mariette et M. Millin (2) sout tombés dans une erreur semblable, lorsqu'ils ont affirmé l'antiquité d'autres pierres gravées évidemment modernes, et qui représentent le même sujet.

281.**. Pâte antique. Intaille.

Les principaux chefs de l'armée grecque introduits dans la ville de Troie, sortent et descendent du cheval de bois construit par Épéus ; Cassandre, les cheveux épars et les mains levées vers le ciel, parait sur le haut d'une muraille d'où elle continue ses inutiles prédictions.

Cette empreinte antique est fracturée sur l'un de ses côtés ; Winckelmann (3), qui en a publié l'explication, en a donné en même temps une gravure peu fidèle, que M. Millin (4) a fait copier sans examen.

Ce précieux monument appartenait autrefois à Christian Denh (5), et passa depuis dans la collection d'un antiquaire romain ; il a été apporté en France, il y a environ vingt ans, par le savant et respectable M. Cousinery.

282.**. Pâte antique. Intaille.

Énée fuyant de Troie avec son père Anchise et son fils Ascagne.

---

(1) *Descriptio brevis gemmarum quæ in Museo Guil. S. R. L. baronis de Crassier*, tab. 6.

(2) Mariette, *Recueil de pierres gravées*, etc., 1re partie, pl. 92. — Millin, *Introduction à l'étude des pierres gravées* (1797), p. 41.

(3) *Monumenti antichi inediti*, n°. 120.

(4) *Galerie mythologique*, pl. 167, n°. 606.

(5) Dolce, *Descrizione istorica del Museo di Christiano Denh. R.* p. 76, n°. 8.

283.*. Pâte antique. Intaille.

Pyrrhus égorgeant Polyxène.

TEMPS POSTÉRIEURS A LA GUERRE DE TROIE.

284.**. Pâte antique. Intaille-

Othryades de Sparte, blessé à mort dans un combat livré aux Argiens, se soulève avec peine et trace sur un bouclier le témoignage de sa victoire.

285.*. Pâte antique. Intaille.

Tête d'un homme barbu, vue de profil et terminée en Hermès; derrière celle de ses oreilles qui est visible, sont attachées deux ailes de papillons.

On connait plusieurs têtes semblables (1). Winckelmann (2), qui a publié l'une d'elles, a supposé qu'elle représentait le philosophe Platon.

286.*. Pâte antique. Intaille.

Diogène couché dans son *dolium* et lisant. D'autres pierres gravées qui le représentent ainsi, ont été publiées (3).

---

(1) Raspe, *Catalogue de Tassie*, n°⁸. 10155, 10159. —*Empreintes de Cadès*, n°. 118. —Dolce, *Descrizione istorica*, etc. S., p. 85, n°⁸. 21, 26.

(2) *Catalogue de Stosch*, p. 419, n°. 74. —*Monum. ant. ined.* N°. 169.

(3) Caylus, *recueil d'antiquités*, etc., t. VI, pl. 43, n°. 2.

287.*. Pâte antique. Intaille.

Le même philosophe debout , dans son *dolium* et qui paraît écouter un personnage placé auprès de lui. Cette composition est répétée sur d'autres pierres gravées (1).

288.*.** Pâte antique à trois couches. Camée.

Tête humaine vue de profil et ceinte d'un diadème ; les traits de cette tête offrent un grand rapport avec celles regardées jusqu'ici comme des portraits d'Alexandre.

289.*.** Jaspe onix. Camée.

Tête de Lysimaque, vue de profil, et portant une corne de bélier auprès de son oreille.

290.*.** Cornaline. Intaille. A.

Tête d'un très-jeune homme coiffé avec la dépouille d'un Éléphant ; derrière elle sont deux objets difficiles à déterminer , mais qui peuvent être des lances ; au-dessous du buste on voit une *crevette*. et près du visage est une corne d'abondance et un foudre.

Cette cornaline appartenait autrefois à M. Cousinery; ce savant , qui se propose de la publier , y a reconnu le portrait du jeune Ptolémée Épiphanes , et son opinion reçoit une nouvelle force par l'application ingénieuse qu'il donne aux divers accessoires dont il a été parlé.

—Winckelmann, *Catalogue de Stosch* , p. 422, n°. 85.
—Dolce, *Descrizione istorica* , etc. , t. n°. 38.

(1) Agostini, *gemme antiche* , t. II , tav. 94.—Gori, *Museum Florentinum* ; t. II, tab. 43, n°. 2.—Dolce, *Descrizione istorica* , etc. , T. n°. 40.

291.**. Pâte antique. Intaille.

Un philosophe grec assis et lisant; devant lui est un oiseau placé sur une espèce de piédestal, et près de son visage on voit un papillon.

292.**. Cornaline. Intaille. A.

Un autre philosophe grec, assis et lisant.

293.*. Cornaline. Intaille. A.

Têtes *affrontées* d'une femme et d'un homme barbu; autour d'elles on lit : ΕΡΜΩΝΑΞ ΠΡΟΚΛΑ.

294.**. Cornaline. Intaille.

Tête de femme vue de deux tiers; près d'elle on lit le nom du graveur Illus (ΙΛΛΟΣ).

HISTOIRE ROMAINE.

295.**. Niccolo. Intaille. A.

Vénus assise sur un nuage (ou peut-être sur l'extrémité d'un promontoire), présente une palme à Enée, qui est debout devant elle; près du héros Troyen est placée la laye qui lui servait de guide, et qui s'arrêta sur la colline où fut ensuite fondée la ville de *Lavinium*.

Cette pierre gravée intéressante a été publiée par M. Grivaud (1).

____

(1) *Recueil de Monumens antiques*, etc., pl. 37, n°. 1. Nous devons observer qu'il existe quelques infidélités dans

296.**. Niccolo. Intaille. A.

Mars apparaissant à Rhea Sylvia, qui est couchée sur la terre ; le même sujet se trouve représenté sur d'autres monumens (1).

297.**. Niccolo. Intaille. A.

Remus et Romulus allaités par une louve.

298.**. Pâte antique. Intaille.

Le berger Faustulus découvrant Rémus et Romulus, allaités par la louve qui leur servait de nourrice ; près de la louve est placé le figuier *ruminal*, ainsi que la tête de la déesse *Roma* ; ce sujet est traité de même sur d'autres pierres gravées (2).

299.***. Sardoine à trois couches. Intaille. A.

Buste de Roma ; devant lui sont gravées ces lettres, entre un croissant et un astre rayonnant : ʜᴀᴠᴇ, en arrière on lit : ʀᴏᴍᴀ.

300.***. Pâte antique. Camée.

Tête de Jules César, vue de profil et couronnée de lauriers ; autour d'elle on lit : ɪ.ᴄ.ᴄᴀᴇꜱ.ᴅɪᴄᴛ.

---

la copie qu'on a donnée de cette pierre gravée ; la tête d'Enée est nue sur l'original, et ne porte point une espèce de calotte entourée d'une couronne de lauriers ; ce qu'on a pris pour la main gauche du héros, n'est autre chose que la garde de son épée ; plusieurs autres détails qui tiennent au costume, y sont aussi fort mal rendus.

(1) Ficoroni, *Gemmæ antiquæ litteratæ*, pars ɪɪ, tab. 5, nᵒ. 6.—Pellerin, *Mélanges de médailles*, t. 1, pl. 5, nᵒ. 10.

(2) Gori, *Museum Florentinum*, t. ɪɪ, tab. 5, nᵒ. 4.

3o1.*. Matière brulée. Intaille.

La comète qui parut pendant les jeux célébrés par Auguste en l'honneur de César ; autour d'elle est placée cette inscription : DIVVS.IVLIVS. Le même astre se voit aussi au revers de plusieurs médailles romaines.

3o2.*. Pâte antique. Intaille.

Un trophée d'armes et une corne d'abondance placés sur le signe du Capricorne et entre deux enseignes légionnaires. Cette composition peut avoir rapport à quelque victoire d'Auguste, qui avait pris pour emblème le signe du Capricorne (1) sous lequel il était né.

3o3.**. Améthyste. Intaille. A.

Tête de Néron, vue de profil.

3o4.**. Améthyste. Intaille. A.

Un empereur romain debout, et qui peut être Trajan; devant lui est agenouillé un prisonnier barbare. Un sujet semblable a été déjà publié (2).

3o5.****. Cornaline. Intaille. A.

Tête de Plotine, vue de profil.

3o6.***. Cornaline. Intaille. A.

Tête de Sabine, vue de profil.

3o7.***. Sardonix à trois couches. Intaille. A.

Tête d'Antinoüs, vue de profil; au-dessous on lit : ANTHINOVS.

---

(1) Suétone, *in* Aug. § 94.
(2) Agostini, *Gemme antiche*, t. II, tav. 120.

3o8.**. Cornaline. Intaille. A.

Tête d'Antonin Pie, vue de profil.

3o9.**. Jaspe rouge. Intaille. A.

Tête de Lucius Vérus, vue de profil.

31o.**. Niccolo. Intaille. A.

Tête d'un homme barbu, couverte par une peau de lion. M. Grivaud (1), qui a publié cette belle tête, a présumé qu'elle représentait Commode, avec un des attributs d'Hercule.

311.**. Niccolo. Intaille. A.

Tête d'Alexandre Sévère, vue de profil.

312.**. Sardonix à trois couches. Camée. A.

Tête *laurée*, vue de profil.

313.**. Cornaline. Intaille. A.

Tête d'un homme barbu, vue de profil ; autour d'elle on lit : K.R.GEL.COCC.COC.

314**. Cornaline. Intaille. A.

Tête d'un Romain, vue de profil et placée au-dessus de deux dauphins.

315.****. Cornaline Intaille.

Tête de dame romaine, vue de profil.

---

(1) *Recueil de Monumens antiques*, etc., pl. 37, n°. 2.

316.**. Cornaline. Intaille. A.

Un empereur romain, monté sur un cheval, et renversant un guerrier barbare.

317.**. Niccolo. Intaille. A.

Tête de femme vue de profil et diadémée.

318.**. Cornaline. Intaille. A.

Têtes *conjuguées* d'une femme et d'un homme qui est barbu.

319.**. Cornaline. Intaille.

Le même sujet.

320.***. Cornaline. Intaille. A.

Quatre têtes inconnues.

321.***. Cornaline. Intaille. A.

Tête de femme voilée.

322.***. Grenat. Intaille. A.

Tête humaine vue de profil et couronnée de lauriers.

323.^AAA. Sardonix. Camée. M.

Tête de vieillard vue de profil, ouvrage d'Antoine Pichler, qui y a placé son nom.

324.**. Grenat. Intaille. A.

Tête d'homme, vue de profil et ceinte d'un diadème ; au-dessus de son front sont gravés deux objets mal formés, qui ressemblent à deux épis.

MÉLANGES ET SUJETS INCONNUS.

325.**. Sardonix barrée. A.

Tête d'un homme barbu, vue de profil ; près d'elle sont gravées les lettres D. M. A. D ; un grainetis entoure le champ.

326.***. Niccolo. Intaille.

Tête de femme vue de profil, diadémée et voilée.

327.***. Agate onix. Intaille.

Tête d'un homme barbu, vue de profil.

328.*. Onix à deux couches. Intaille. A.

Tête imberbe vue de profil et couverte de la peau d'un éléphant ; autour d'elle on lit : SPERATA.

329.**. Cornaline. Intaille.

Tête d'un homme barbu, vue de profil, et ceinte par un diadème.

330.**. Cornaline. Intaille. A.

Tête de femme vue de deux tiers.

331.***. Pâte antique à trois couches. Camée.

Portrait d'un homme imberbe, vu de profil.

332.***. Jaspe rouge. Intaille. A.

Tête d'un homme barbu, vue de profil.

333.***. Niccolo. Intaille. A.

Tête de femme , vue de face.

334.**. Jaspe vert. Intaille. A.

Têtes *affrontées*, d'un jeune homme couronné de fleurs,
et d'une jeune fille dont le front est orné par un croissant.
Ces têtes nous paraissent être des portraits.

335.**. Onix à trois couches. Intaille. A.

Têtes *affrontées* , de deux femmes, qui sont toutes
deux voilées.

336.***. Turquoise. Camée. A.

Tête de femme voilée, vue de profil.

337.***. Sardonix à trois couches. Camée. M.

Tête de femme vue de profil ; ouvrage de Guay.

338.*. Pâte antique. Intaille.

Une femme vue à mi-corps, et qui tient sur sa main
gauche la partie supérieure d'un petit quadrupède.

339.**. Onix à trois couches. Camée.

Tête de femme inconnue , vue de profil.

340.*. Scarabée en cornaline. Intaille. A.

Un héros à demi-agenouillé, et qui présente en avant
sa lance et son bouclier.

341.**. Cornaline. Intaille.

Deux hommes assis et en regard ; cette gravure nous
paraît être une imitation de l'ancien style de l'art.

342.**. Cornaline. Intaille. A.

Un héros casqué, debout, près d'une armure ; autour du champ on lit : A.SCANT.FELIX.

343.**. Pâte antique. Intaille.

Un héros à demi-agenouillé, détournant la tête et se couvrant avec son bouclier.

344.**. Cornaline onix. Camée fragmenté.
Deux femmes arrêtant un cheval.

345.**. Pâte antique. Intaille.

Un héros tombé sur ses genoux, et soutenu par deux autres guerriers.

346.**. Pâte antique. Intaille.

Un héros barbu, tombé sur les genoux, et soutenu par un autre guerrier. Une gravure entièrement semblable se trouve dans une autre collection (1).

347.*. Sardoine brûlée. Intaille. A.
Un vieux guerrier assis sur un très-petit navire.

348.**. Chalcédoine onix. Intaille. A.
Un guerrier debout, et qui tient un glaive à la main.

349.***. Niccolo. Intaille. A.

Un héros nu et debout, tenant une lance et appuyant sa main droite sur un bouclier : près de lui est déposée une cuirasse.

---

(1) *Empreintes de Cadès*, n°. 87.

35o.**. Jaspe rouge. Intaille. A.

Un homme conduisant un cheval.

351.***. Pâte antique. Intaille.

Un homme d'un âge mur, assis et parlant à un jeune homme qui est debout devant lui.

352.**. Cornaline. Intaille. M.

Sacrifice près d'un Hermès.

353.**. Jaspe onix. Camée. M.

Un homme et un Amour montés sur un char qui est traîné par deux lions.

354.**. Pâte antique. Intaille.

Un vieillard nu, tenant une lance et assis sur un rocher; devant cette figure est placée celle d'un jeune homme qui lui touche le genou, ainsi que le faisaient les supplians.

355.**. Bague antique en argent. Intaille.

Un homme barbu, couvert d'une tunique courte et d'un petit manteau, tenant un vase sur sa main droite et s'appuyant avec sa main gauche sur une espèce de maillet dont le manche est très-allongé.

Cette bague antique a été découverte dans les environs de Breteuil. M. Grivaud (1) en a publié le dessin et la description.

____

(1) *Recueil de Monumens antiques, etc.*, pl. 17, n°. 3.

Cette figure ne nous paraît pas être cuirassée, comme le pensait M. Grivaud; un bronze représentant un personnage

356.*. Niccolo. Intaille. A.

Un homme debout et vêtu d'une tunique ; derrière lui
sont gravés deux croissans et un astre rayonnant ; sur le
côté opposé du champ on lit : CASTRES.

357.*. Niccolo. Intaille. A.

Une femme debout et qui porte sur sa main un objet
de forme ronde ; derrière elle on lit : ΠΑΠCΑΝΗ.

358.**. Bague antique en argent. Intaille.

Un homme nu montant à une échelle ; derrière lui est
placé un dauphin. M. Grivaud (1), qui a publié ce sujet,
a présumé qu'il représentait Léandre escaladant la tour
dans laquelle Héro était renfermée.

359.*. Cornaline. Intaille. A.

Un homme nu, debout et chaussé d'une espèce de
cothurne autour duquel on lit : SIMPLICIVIBAC.

360.**. Niccolo. Intaille. A.

Un homme soutenu par un autre personnage qui tient
un flambeau.

361.**. Cornaline. Intaille. A.

Une patère, un *præfericulum*, une couronne de fleurs

---

semblable se trouvait dans le cabinet de Petau. *Voyez*
Montfaucon, *Antiquité expliquée*, Supl. t. II, p. 81.

(1) *Recueil de monumens antiques*, etc. pl. 20, n°. 7.
M. Millin a trouvé cette explication plus ingénieuse que
solide. *Voyez Annales encyclopédiques*. 1817. t. v. p. 185.

sous laquelle sont un croissant et un papillon ; au-dessus de ces divers objets on lit : ΕΥΤΟΠΙΑ.

362.***. Niccolo. Intaille. A.

Cette pierre gravée contient deux sujets ; celui qui occupe le plan supérieur représente une figure humaine (1) placée sous un arbre, et prête à décocher une flèche sur deux cerfs en regard, et qui brament ; l'un de ces animaux est retenu par une corde que tient un homme agenouillé derrière lui.

Sur le plan inférieur sont figurés un cavalier et un chien chassant un lièvre qui fuit devant eux.

363.***. Niccolo. Intaille. A.

Un *acropolis* sur lequel est un temple où l'on parvient par un escalier taillé dans le roc· près du temple est placé un oiseau qui repose sur un piédestal de forme ronde.

Quatre grottes creusées régulièrement aux deux côtés de l'escalier, et un arbuste se distinguent sur le flanc de la montagne (2).

364.**. Sardonix. Intaille. A.

Une femme debout, le sein gauche découvert et la

---

(1) Cette figure, dont nous n'avons pas déterminé le sexe, porte une tunique courte, et une chaussure élevée semblable à celle de Diane.

(2) Nos recherches sur cette pierre gravée ne nous ont fourni aucun résultat assez satisfaisant pour le consigner dans cette description.

main droite appuyée sur une haste, tenant un objet inconnu.

Autour d'elle sont gravés plusieurs objets, parmi lesquels on distingue un bœuf, un lion et un serpent.

365.**. Cornaline. Intaille. A.

Un jeune homme nu et à demi-courbé, prêt à lancer ou à rouler un disque.

366.***. Niccolo. Intaille. A.

Un chirurgien agenouillé et pansant le pied d'un jeune homme qui est assis devant lui.

367.***. Jaspe rouge. Intaille. A.

Un homme barbu et vêtu de long, à demi-couché sur un lit ; à ses côtés sont placés debout deux serviteurs, dont l'un lui apporte un objet dont la forme est peu reconnaissable.

368.*. Jaspe rouge. Intaille. A.

Un moissonneur coupant des épis avec une faucille.

369.***. Niccolo. Intaille. A.

Une femme debout, tenant une boule et une *haste* ; à ses pieds est placée une palme.

370.**. Niccolo. Intaille. A.

Un homme assis sur le devant d'un petit chariot, qui est traîné par un cheval.

371.**. Cornaline. Intaille. A.

Une figure humaine assise sur un chariot sans timon, et tenant un croissant avec ses mains.

37 2.**. Pâte antique. Camée.

Un pâtre vidant le corps d'un quadrupède qui est suspendu à un arbre. Une sculpture antique qui a passé de
la collection Albani dans celle de France (1) représente
le même sujet.

373.*. Pâte antique. Intaille.

Un homme vêtu d'une tunique, portant sur ses épaules
un bâton auquel sont suspendus deux paniers.

374.*. Cornaline. Intaille. A.

Un pâtre couvert du *bardocucullus*, s'occupant à traire
une chèvre ; autour de cette figure sont gravées quelques
lettres latines, assez mal conservées.

375.**. Niccolo. Intaille. A.

Plusieurs quadriges courant autour de la *meta* d'un
cirque.

376.*. Cornaline. Intaille. A.

Une tessère de forme oblongue, sur laquelle sont
gravés plusieurs corps ronds, une palme, trois étoiles
et le nombre XII.

377.**. Jaspe rouge. Intaille. A.

Masque d'un homme barbu adossé contre une hure de
sanglier ; on lit autour du champ : ΡΙΑΚΤΕΤΟ.

––––––––––––––––––––

(1) Salle de la Pallas, n°. 261.

378.**. Cornaline. Intaille. A.

La jeunesse, la viellesse et la mort, représentés par trois masques unis ensemble.

379.**. Matières diverses. Intaille. A.

Une bague qui contient neuf pierres gravées représentant divers sujets.

380.***. Sardonix. Camée.

Plusieurs masques humains unis ensemble.

381.**. Matières diverses. Intailles. A.

Neuf bagues qui contiennent chacune trois pierres gravées.

A N I M A U X.

382.**. Jaspe jaune. Intaille. A.

Un lion dévorant un cerf ; sur la partie supérieure du champ sont gravés un croissant et un astre rayonnant.

383.**. Pâte antique. Intaille.

Une tête d'éléphant.

384.**. Niccolo. Intaille. A.

Une tête de bélier qui tient un épi dans sa bouche.

385.*. Pâte antique. Intaille.

Une truie ailée ; cet animal chimérique se voit sur une

pierre gravée (1) ainsi que sur une médaille de Clazo-
mènes (2).

386.***. Prime d'émeraude. Intaille. A.

Une vache qui donne à téter à un veau.

387.***. Émeraude. Relief entier.
Une tête de singe.

388.**. Onix à trois couches. Intaille. A.
Une chienne au-dessus de laquelle est gravé un croissant.

389 *. Onix. Intaille. A.
Une tête d'âne autour de laquelle est gravé ; ΑΛΚΗΣΤΕΣ.

Selon Horapollo (3), cet objet chez les Egyptiens, si-
gnifiait un homme qui n'était jamais sorti de son pays, et
qui manquait de l'expérience qu'on acquiert par les voyages.

390.***. Cornaline. Intaille. A.

Deux chiens et un aigle dévorant un âne qui est renversé sur le dos ; sur chacun des chiens est posé un
insecte dont le plus reconnaissable est une sauterelle.

Au bas du champ sont placées ces trois lettres : L.T.F.

391.***. Pâte antique. Intaille.
Un aigle et un chien se disputant un lièvre.

------

(1) Gori, *Museum Florentinum*, t. II, tab. 94, n°. 9.

(2) Pellerin, *Recueil de médailles de peuples et de villes*,
t. II, pl. 56, n° 19.

(3) *Hiéroglyphe* 19.

392.*. Onix brûlée. Intaille. A.

Un aigle tenant un serpent dans son bec ; autour de lui on lit : CLEZINEMESTUS.

393.*. Sardoine variée. Intaille. A.

Un aigle posé sur une tige de blé et près d'un arbuste.

394.*. Sardonix à trois couches. Intaille. A.

Un aigle debout.

395.**. Niccolo. Intaille. A.

Bague sur laquelle sont montées trois pierres gravées, dont la première représente une tête de lion, la seconde un sanglier, et la troisième une tête de taureau.

396.**. Cornaline brûlée. Intaille. A.

Une grue (une cigogne ou un ibis) debout sur un vase renversé ; devant cet oiseau est une petite colonne sur laquelle est couché un autre vase qui verse de l'eau dans un cratère.

397.*. Pâte antique. Intaille.

Le même sujet.

398.*. Onix. Intaille. A.

Deux oiseaux dont l'un est un paon, perchés sur le haut d'une corbeille.

399.*. Cornaline onix. Intaille. A.

Une sauterelle dévorant un épi.

4OO.*. Cornaline. Intaille. A.

Un cygne buvant dans un vase.

4O1.*. Niccolo. Intaille. A.

Une souris.

4O2.*. Grenat. Intaille. A.

Un rat placé sur le sommet d'un rocher.

INSCRIPTIONS GRECQUES ET LATINES.

4O3.*. Sardo'ne barrée. Intaille. M.

Inscription grecque rappelant le souvenir d'une victoire
e Cimon d'Athènes, sur les Lacédémoniens.

Cette pierre gravée , qui est évidemment moderne , a
ccessivement appartenu aux Collections d'Ennery et de
ersan (1); Dumoulinet (2) , qui en avait trouvé le dessin
ans le recueil de Chaduc , la croyait antique et en a
ablié l'explication.

4O4. Pâte antique. Intaille.
ΟΙΔΩΝΟϹ ΝΑΥΑΡΧΙΚΟϹ.

M. Grivaud (3) a publié cette inscription dans laquelle, au
noyen de diverses corrections , il a reconnu le titre de
Vavarchide , que prenaient quelques villes anciennes.

---

(1) Miliotti, *Catalogue d'Ennery*, p. 26, nº. 108.—M. Gri-
aud , *Catalogue Tersan* , p. 32 , nº. 257.

(2) *Cabinet de la Bibliothèque de Ste.-Geneviève* , etc. ,
ol. 28 , nᵒˢ. 1 et 2.

(3) *Recueil de monumens antiques* , etc., pl. 57 , nº. 11.

405. Onix. Intaille. A.

CEΛEYKOC HXAPIC.

406. Prime d'améthyste. Intaille. A.

MNHCΘH EYΘHNIA.

407. Cornaline. Intaille. A.

Une main tenant l'extrémité inférieure d'une oreille : autour du champ on lit : MNHMONEYE MOY (souviens-toi de moi.) Plusieurs inscriptions de ce genre sont connues ; l'une d'elle a été publiée par **M. Millin** (1).

408. Sardonix à deux couches. Camée. A.

OY ΦIΛω σε

MH ΠΛANω

NOω ΔE KAI ΓEΛω

EYTYXOC

O ΦOPωN ZHCAIC

ΠOΛΛOIC XPONOIC

Je ne t'aime pas : ne te trompes pas ; moi , je le sais et je ris.
(Toi) qui porte (cette bague) puisse-tu vivre long-temps.

On a publié d'autres inscriptions qui renferment un sens à peu près semblable (2). Feu M. Van Hoorn en possédait une assez curieuse et qui n'est pas connue ; celle

____

(1) *Monumens antiques inédits*, t. II, pl. 5.

(2) Gruter, *Inscriptiones antiquæ*, p. 1158 — Venuti, *Dissertazione sopra alcune gemme litterate*, etc., tav. I.— Marini, *Gli atti e monumenti de fratelli Arvali*, t. II, p. 812. —*Magasin encyclopédique* (VIIe. année), t. II, p. 451.— *Ibid* (VIIIe. année), t. I, p. 154.

que nous venons de décrire est fracturée à sa partie supérieure, et la première de ses lignes est incomplète.

409. Onix à trois couches. Intaille. **A.**

ΕΛΕΥCΕΙΝΙ ΖΗCΑΙC

410. Pâte antique. Intaille.

ΗΡΩΔΟΥ ΤΡΑΡΧΟΥ (*Sic*) ΤΥΒΕΡΥΑC (*Sic*).

Cette inscription, qui est placée au-dessus d'une espèce
de palme, se retrouve plus correctement sur une médaille
du Tétrarque Hérodes (1).

411. Emeraude et Cornaline. Intailles. **A.**

Une bague contenant trois pierres gravées sur lesquelles
on lit : NEIKIA—KEPΔCON—L CAS MAX.

412. Cornaline. Intaille. **A.**

ATHENION.

413. Cornaline. Intaille. **A.**

APHRODISIVS.

M. Grivaud (2), qui a publié cette Cornaline , lisait :
ΑΦΡΟΔΙCΙΑC.

414. Jaspe rouge. Intaille. **A.**

PHYLAXE.

415. Cornaline. Intaille. **A.**

ERMAS ARTEMIDORVS DVLCITI.

---

(1) Pellerin , *Reges Judaici* , nº. **5.**
(2) *Recueil de monumens antiques* , etc., pl. 37 , nº. 8.

416. Cornaline. Intaille. A.

Sur le haut du champ est gravée une couronne de laurier ; au-dessous d'elle on lit :

Q. PONPONIVS FAVSTVS.

M. Grivaud (1) a publié cette inscription.

417. Cornaline. Intaille. A.

GELASIVS ZOSIME VIVAS.

418. Jaspe noir. Intaille A.

SEVERA VITALIS PRIMA.

M. Grivaud (2) a publié cette inscription.

419. Améthyste. Intaille. A.

Q. C. PROCESSVS.

420. Niccolo. Intaille. A.

VICTOR VIVAS.

ABRAXAS.

421.*. Jaspe vert. Intaille. A.

Harpocrate assis sur une fleur de lotus : autour du champ , et derrière la pierre , sont gravées des inscriptions inintelligibles , en caractères grecs.

---

(1) *Recueil de monumens antiques* , etc., pl. 57 , n°. 12.

(2) *Ibid* , pl. 37 , n°. 10.

422.*. Jaspe sanguin. Intaille. A.

Le même sujet : autour de la figure, on lit ; ΚΝΕΦ.

Au revers est gravé un coq, ainsi qu'un quadrupède dont nous n'avons pu reconnaître l'espèce.

423.*. Jaspe vert. Intaille. A.

Le même sujet : au-dessus du dieu sont gravés trois scarabées ; à ses côtés se voient trois coqs et trois gazelles, et sous lui trois crocodiles.

Le revers est chargé d'une inscription barbare, composée de neuf lignes.

424.***. Hématite. Intaille. A.

Thoth debout et mitré, tenant la croix ansée, le bâton à tête de *huppe*, et deux sceptres dont la partie supérieure est recourbée.

Cette figure est gravée en avant d'un piédestal sur lequel est un *Cercopithèque* debout sur ses pattes de derrière ; sur la face opposée de la même pierre, on lit : ΠΡΕΠΕΝΗΜΙϹ.

425.*. Jaspe brun. Intaille. A.

Deux femmes portant des ailes avec lesquelles elles couvrent une figure symbolique qui est mitrée.

Sur le revers de cette pierre est gravée une inscription barbare.

426.*. Jaspe brun. Intaille. A.

Figure symbolique à tête de serpent (1), tenant la

---

(1) Cette figure se retrouve sur des monumens égyptiens.

croix ansée et le bâton à tête de *huppe* ; autour d'elle ,
et sur le revers de la pierre sont gravées des inscriptions
basilidiennes.

427.*. Jaspe sanguin. Intaille. **A.**

Anubis debout , tenant une palme et un sceptre ; près
de lui sont gravés un coq , la figure de l'Abondance et
des inscriptions.

Le revers de cette même pierre représente une figure
ailée, debout sur un lion qui tient une couronne à sa
gueule : sur le champ sont placées des inscriptions.

428.*. Jaspe vert. Intaille. **A.**

Figure humaine sans bras, et surmontée par une tête
d'animal qui est peu reconnaissable : autour d'elle sont
gravées des inscriptions.

429.*. Jaspe brun. Intaille. **A.**

Une femme debout devant un canope qui est posé sur
un piédestal : au revers de la pierre on lit : HXAPIC.

430.**. Jaspe sanguin. Intaille. **A.**

Un vieillard vêtu de long , tenant un caducée sur lequel
sont perchés deux oiseaux dont l'un est un ibis : sur sa tête
est un scarabée ; près de ses genoux on voit un scorpion ,
et sous ses pieds est gravé un crocodile.

Derrière cette figure est placée une inscription en sept
lignes , et un serpent qui se mord la queue entoure le
champ.

Voy. *Description de l'Égypte* (Antiquités), t. 1 , pl. 44 ,
nᵒ. 8.

Sur le revers de la même pierre sont trois éperviers, et un nombre égal de scarabées, de gazelles, de crocodiles et de serpens.

431.*. Jaspe vert. Intaille. A.

Sérapis debout sous un portique, et sortant à moitié d'une espèce de lit : deux pierres gravées du même genre ont été publiées (1).

432.*. Jaspe vert. Intaille. A.

Sujet du même genre que le précédent : aux côtés de la figure sont gravés le soleil et la lune.

433.*. Jaspe vert. Intaille. A.

Le Soleil debout près d'une figure à tête de coq, et dont les jambes sont formées par des serpens ; sur le revers est gravée une inscription.

434.*. Jaspe vert. Intaille. A.

Tête de Diane près du signe du Cancer ; sur le revers est placée une inscription composée de sept lignes.

435.**. Jaspe vert. Intaille. A.

Esculape debout : près de lui est une inscription ; sur le revers on voit la lune placée sur un char.

436.*. Lapis-Lazuli. Intaille. A.

Vénus *Anadyomène*, entourée par des lettres sépa-

---

(1) Gori, *Museum Florentinum*, t. II, tab. 14.—Caylus, *Recueil d'antiquités*, etc., t. III, pl. 42, n°. 1.

rées ; sur le revers est une inscription composée de onze lignes.

437.*. Lapis-Lazuli. Intaille. **A.**

Vénus *Anadyomène :* inscription au revers.

438.*. Lapis-Lazuli. Intaille. **A.**

La même figure et la même inscription.

439.*. Cornaline brûlée. Intaille. **A.**

Vénus *Anadyomène* et l'Amour : inscription au revers.

440.*. Hématite. Intaille. **A.**

Une femme vêtue de long, appuyée sur une haste, et tenant un serpent ; sous cette figure est gravée une inscription, et sur le revers on lit ; ΦΛΩΡΟC.

441.**. Jaspe jaune. Intaille. **A.**

L'Amour piquant avec une flèche un sanglier qui tient dans sa gueule la tête d'un bouc ; sous le sanglier sont placés un foudre et une étoile ; au-dessus de lui est une autre étoile, et ce mot barbare ; ΠΡΙΒΑΤΑ:

Derrière ce sujet est gravé : ΜΟΥΙCΡΩ.

442.*. Chalcédoine. Intaille. **A.**

Un génie ailé, tenant un bâton autour duquel est entortillé un serpent. Cette figure est placée sur une espèce de large piédestal couvert par une inscription.

443.**. Lapis-Lazuli. Intaille. **A.**

Une figure humaine ailée, tenant une balance et un

dard ; autour de sa tête sont placées celles de quatre animaux ; le contour du champ est occupé par une inscription.

444.*. Amulette en cornaline. Intaille. A.

Un serpent à tête humaine rayonnée , posé sur un
autel ; autour de lui sont gravées ces quatre lettres , ΝΑΑΥ.

Une inscription composée de quatre lignes , est placée
sur le revers de cette amulette.

445.*. Améthyste. Intaille. A.
Un guerrier debout et entouré d'inscriptions.

446.*. Jaspe noir. Intaille. A.
Figure humaine surmontée d'une tête de lion , et qui
tient un dard renversé ; au-dessus de sa tête est placée
une étoile.
Sur le revers est gravé , ΓΑΥ.

447.*. Jaspe vert. Intaille. A.
Figure surmontée d'une tête de coq, tenant un bou-
clier et un fouet ; au-dessous d'elle on lit ; ΙΑΩ.
Au revers est placée une inscription en sept lignes.

448.*. Jaspe vert. Intaille. A.
Figure semblable à celle qui précède et qui est accom-
pagnée des mêmes lettres
Sur le revers on lit : ΑΒΡΑϹΑΣ.

PIERRES GRAVÉES CHRÉTIENNES.

449.***. Agathe-onix. Camée. M.

La suite en Egypte.

450.*. Amulette en Chalcédoine. Intaille. A.

Tête de J. C. , vue de profil et sans barbe ; autour d'elle on lit : XPICTOT. Au-dessous est gravé un poisson.

451.*. Jaspe sanguin. Camée. A.

Buste de Saint-Damien , vu de face.

452.**. Saphir. Intaille. A.

Un Saint assis , vu de face sur un siége qui est orné par deux figures de lions ; autour de sa tête est un nimbe.

453.

Plusieurs pierres qui ne portent point de gravures , et parmi lesquelles on distingue de belles Sardonix d'Orient.

454.

Un très-grand nombre de pierres gravées et de pâtes antiques montées et non montées, qui n'ont pu être décrites dans le présent Catalogue, seront vendues sous ce numéro.

N. B. Cette vente sera terminée par une suite de médailles grecques et latines , en argent et en bronze.

TABLE

Des divisions suivies dans le présent Catalogue.

Fin de la Table.

De l'Imprimerie de Nouzou, rue de Cléry, nº. 9, à Paris.

www.ingramcontent.com/pod-product-compliance
Ingram Content Group UK Ltd.
Pitfield, Milton Keynes, MK11 3LW, UK
UKHW031828170726
13836UKWH00004B/1558